VENTE du JEUDI 20 MAI 1926

HOTEL DROUOT — Salle N° 8

Commissaire-Priseur : Me Henri BAUDOIN

CATALOGUE
DE
LIVRES ANCIENS
ET MODERNES

appartenant à Monsieur de X***

provenant pour la plupart de la bibliothèque

de M. le Comte de Lignerolles

PARIS

FRANCISQUE LEFRANÇOIS

Libraire-Expert

55, Passage des Panoramas, 55

1926

CATALOGUE

DE

LIVRES ANCIENS

ET MODERNES

LA VENTE AUX ENCHÈRES PUBLIQUES

aura lieu le

Jeudi 20 Mai 1926

à 2 heures précises

HOTEL DES COMMISSAIRES-PRISEURS

9, rue Drouot, PARIS - Salle n° 8

par le Ministère de Me Henri BAUDOIN, Commissaire-Priseur,
10, Rue Grange-Batelière, 10.

assisté de M. Francisque LEFRANÇOIS, Libraire-Expert,
55, Passage des Panoramas, 55.

Il y aura **EXPOSITION PARTICULIÈRE** *des Livres à Paris, chez* M. Francisque LEFRANÇOIS, *jusqu'au 18 Mai, de 10 heures à midi et de 2 heures à 5 heures.*

(Sauf le Jeudi 13 Mai, jour de l'Ascension)

L'ordre des numéros du Catalogue sera suivi

CONDITIONS DE LA VENTE

LA VENTE SE FERA AU COMPTANT

Les acquéreurs paieront 14 pour 100 en sus des prix d'adjudication pour les livres qui pourront être classés comme n'étant pas de luxe, et 19 fr. 50 pour 100 pour les livres dits de luxe et les autographes.

Les livres devront être collationnés dans les vingt-quatre heures de l'adjudication. Passé ce délai, ils ne seront repris pour aucune cause.

M. Francisque LEFRANÇOIS se réserve la faculté, dans l'intérêt de la vente, de réunir ou de diviser les lots du catalogue. Il remplira, aux conditions d'usage, les commissions qu'on voudra bien lui confier.

CATALOGUE

DE

LIVRES ANCIENS

ET MODERNES

appartenant à Monsieur de X***

provenant pour la plupart de la bibliothèque

de M. le Comte de Lignerolles

OUVRAGES DES XVIe AU XIXe SIÈCLES

Pièces historiques du XVIe siècle

LIVRES ARMORIÉS, RICHES RELIURES

Bibliographie

Publications de la Société des Bibliophiles François

QUELQUES AUTOGRAPHES

François Ier, roi de France, Henri le Béarnais, roi de Navarre, Procès-verbal de l'Exhumation du Duc d'Enghien, Prières composées et écrites par la Duchesse de Parme.

PARIS

FRANCISQUE LEFRANÇOIS

Libraire-Expert

55, Passage des Panoramas, 55

1926

CATALOGUE
DE
LIVRES ANCIENS
ET MODERNES

---

1. **Almanach illustré.** Les Parfaits modèles choisis dans les Saints Personnages. Etrennes édifiantes. *Paris, Janet.* (1805), in-24, titre gravé et fig., veau, tr. dor.

   Titre et 12 figures.

2. **Amoureux** (L') **passetemps,** DÉCLARÉ EN JOYEUSE POESIE par plusieurs Epistres du Coq à l'Asne, et de l'Asne au Coq, avec Balades, Dizains, Huitains, et autres joyeusetez. *Lyon, Benoist Rigaud,* 1570, in-16 de 80 ff. non chiffr. le dernier blanc, fig. au titre, mar. citron, dos et plats couverts de comp. de feuillages avec marguerites et fleurs diverses, tr. dor. (*Trautz-Bauzonnet.*)

   Livret singulier en vers, avec petite figure sur bois au titre. Très rare.
   Recueil de dizains, triolets, balades, epîtres, rondeaux, huitains, etc., suivis, aux 12 derniers ff., de la *Description de la Fontaine d'Amours* et de la *Prognostication nouvelle.*
   Les auteurs du *Supplément au Brunet,* tome II, col. 176, n'avaient jamais rencontré ce volume, qui n'est que signalé au *Brunet, Manuel,* tome I, col. 241.
   Curieuse reliure de *Trautz,* reproduction des reliures à la marguerite de la fin du XVIe siècle. Charmant exemplaire.

3. **Andry** (abbé A.). La Consolation intérieure, ou le livre de l'Imitation de Jésus-Christ, selon l'original (c'est-à-dire écrite en nouveau style d'après « l'Internelle consolation »). *Paris, Ch. Robustel,* 1690, in-12, réglé, front. et fig.. mar. rouge, dos orné, fil., tr. dor. (*Rel. anc.*)

   EDITION ORIGINALE.
   Bel exemplaire. De la bibliothèque de J.-J. DE BURE L'AINÉ.

4. **Ariosto** (Lud.). **Orlando furioso** DI M. LODOVICO ARIOSTO novissimamente alla sua integrita ridotto et ornato di varie figure. Con alcune stanze del S. Alvigi Gonzaga in lode del

medesimo. Aggiuntovi per ciascun canto alcune allegorie, et nel fine una breve espositione... *In Vinegia, appresso Gabriel Giolito de Ferrari*, 1546, in-4 à 2 col., titre orné et fig. sur bois, mar. vert, dos orné à froid, encadr. de fil. à froid, bande d'ornements, fleurons et arabesques argentés. (*Rel. anc.*)

Intéressante édition ornée de figures sur bois.
Curieuse reliure italienne de l'époque avec ornements argentés sur les plats. Sur la tranche, le titre *Orlando furioso*.
Bel exemplaire du CARDINAL DE GRANVELLE, avec ses armoiries au verso du titre.

5. **Augustin** (saint). Les Confessions de S. Augustin. Traduites en François, par Monsieur Arnauld d'Andilly. *Paris, Veuve de J. Camusat*, 1649, in-12, front., mar. rouge, dos orné, double rangée de fil., tr. dor. (*Rel. anc.*)

Première édition de cette traduction. Ex-libris ms. au verso du faux-titre.
Petites taches d'encre au plat verso de la reliure.

6. **Augustin** (saint). Les Soliloques, les Méditations et le Manuel de S.Augustin. Traduction nouvelle, avec des notes. *Paris, J.-B. Coignard*, 1700, in-12, mar. rouge, dos orné, fil., tr. dor. (*Rel. anc.*)

7. **Aulnoy** (comtesse d'). HISTOIRE d'HYPOLITE, comte de Duglas. *Paris, G. Cavelier*, 1699, 2 vol. in-12, mar. rouge, dos orné d'armoiries, fil., tr. dor. (*Rel. anc.*)

Bel exemplaire aux armes, sur les dos entre les nerfs, de la duchesse d'AUBUSSON DE LA FEUILLADE, née Marie-Thérèse de Chamillart.

8. **Belle-Isle** (duc de). LETTRES DU MARÉCHAL DUC DE BELLEISLE au Maréchal de Contades, avec des extraits de quelques-unes de celles de ce dernier ; trouvées parmi ses papiers, après la bataille de Minden. — Autres lettres trouvées par les Hanovriens parmi le butin qu'ils ont fait sur les François lors de la bataille de Minden. *La Haye*, 1759-1760, 2 part. en un vol. in-12, cartes, mar. citron, dos orné, fil., tr. dor. (*Rel. anc.*)

Bel exemplaire aux armes du comte H. DE CALENBERG.

Bibliographie.

9. **Catalogue** des Livres de feu M. Bonneau, secrétaire du Roi (Louis XV). *Paris, Damonneville*, 1754, in-8, mar. rouge, dos orné, fil., fleurons aux angles, tr. dor. (*Rel. anc.*)

Catalogue de livres intéressants et curieux, avec les prix marqués.
Mouillure dans l'angle du bas, texte et reliure.

Bibliographie

10. **Catalogue** des Livres rares et précieux manuscrits et imprimés composant la bibliothèque de feu M. le Baron S. de La Roche Lacarelle. *Paris, Porquet*, 1888, gr. in-4, portr., pl. et fig., *broché*, couv.

Exemplaire imprimé sur Grand Papier.
Nombreuses reproductions et planches de reliures en noir et en couleur.

11. **Catalogue** des Livres rares et précieux. Manuscrits et Imprimés composant la bibliothèque de feu M. le Comte de Lignerolles. *Paris, Porquet*, 1894-1895, 5 vol. gr. in-8, *brochés*, couv.

Exemplaire imprimé sur Papier de Hollande.
Catalogue de cette importante bibliothèque, une des plus belles qui fut dispersée à la fin du XIXe siècle.
Avec *Table alphabétique* et *Prix d'adjudication*.
On y joint : l'*Album* comprenant un titre, un portrait et 167 planches de reproductions de texte, figures, reliures, etc.
Cet album est excessivement rare.

12. **Catalogues** de Ventes de Livres. *Paris*, 1837-1899, 5 vol. in-8, *brochés*.

Catalogue des Livres de M. le Comte de La B*** (Bédoyère), 1837. — Catalogue des Livres rares et précieux de M. le Comte de La Bédoyère, 1re et 2e parties, 1862. Avec table et prix de la 1re partie. — Catalogue des Livres rares et précieux manuscrits et imprimés de M. le Comte de Mosbourg, 1re partie, 1893. — Catalogue des Livres rares et précieux de feu M. le Baron de Ruble, 1899.

13. **Guigard.** Nouvel Armorial du Bibliophile. Guide de l'Amateur des Livres armoriés par Joannis Guigard. *Paris, E. Rondeau*, 1890, 2 vol. gr. in-8, fig., *brochés*, couv.

Un des 30 exemplaires imprimés sur Papier de Hollande. Très rare.

14. **Portalis** (baron) et **H. Beraldi.** Les Graveurs du XVIIIe siècle. *Paris*, 1880-1882, 6 tomes en 3 vol. in-8, *brochés*, couv.

Importante monographie de plus de 400 graveurs avec description des principales pièces et catalogues raisonnés des œuvres des graveurs les plus réputés.
Rare. Envoi autographe d'un des auteurs.

15. **Quentin-Bauchart** (E.). Bibliothèque de la Reine Marie-Antoinette au Château des Tuileries, *Paris, D. Morgand*, 1884, in-12, *broché*, couv.

Envoi d'auteur.

Bibliophiles François
(Publications de la Société des)

16. **Corrozet** (Gilles). Les Blasons Domestiques par Gilles Corrozet, libraire de Paris. Nouvelle édition publiée par la Société des Bibliophiles François. *Paris, impr. par Lahure,* 1865, in-12, fig., cart., *non rogné.*

Livre des plus importants pour l'histoire domestique au XVIe siècle. On y voit représentés dans les figures les principaux objets qui garnissaient une maison à cette époque ; les petits bois sont accompagnés de leur description poétique.
Reproduction parfaite de la rarissime édition originale de 1539, dont on ne connaît que 2 ou 3 exemplaires.
Exemplaire imprimé sur PEAU DE VÉLIN.

17. **Dubois de Saint-Gelais.** Histoire journalière de Paris. *Paris, Bibliophiles François,* 1885, in-4, fig., *broché,* couv.

Publié par M. Tourneux. Eau-forte en double état.
Un des exemplaires de membre de la Société, imprimé sur GRAND PAPIER DE HOLLANDE.

18. **Duvaux** (Lazare). Livre journal de Lazare Duvaux, marchand bijoutier ordinaire du Roi (1748-1758), précédé d'une étude sur le goût et sur le commerce des objets d'art au milieu du XVIIIe siècle (par L. Courajod). *Paris, Bibliophiles François,* 1873, 2 vol., in-4, pl., *brochés,* couv.

Important pour l'histoire de la curiosité au siècle dernier.
Un des exemplaires de membre de la Société, imprimé sur GRAND PAPIER DE HOLLANDE.

19. **Lister** (Dr Martin). Voyage de Lister à Paris en 1698, traduit, publié et annoté (par M. de Sermizelles). *Paris, Bibliophiles François,* 1873, in-4, pl. *broché,* couv.

Un des exemplaires de membre de la Société, imprimé sur GRAND PAPIER DE HOLLANDE.

20. **Machaut** (G. de). Livre du Voir-Dit de Guillaume de Machaut, où sont contées les amours de messire Guillaume Machaut et de Péronnelle, dame d'Armentières; avec les lettres et les réponses, les ballades, lais et rondeaux dudit Guillaume et de ladite Péronnelle, publié sur trois manuscrits du XIVe siècle (avec notices, notes et glossaire par M. Paulin Paris) *Paris, Bibliophiles François,* 1875, in-4, pl., *broché,* couv.

Un des exemplaires de membre de la Société, imprimé sur GRAND PAPIER DE HOLLANDE.

21. **Malet** (G.). Inventaire de la Bibliothèque du Roi Charles VI. fait au Louvre en 1423, par ordre du Régent, Duc de Bedford,

Bibliophiles François
(Publications de la Société des)

Paris, Société des Bibliophiles, 1867, gr., in-8, *broché*, couv.

Un des plus anciens catalogues de bibliothèques connus.
Cet inventaire a été dressé par Gilles Malet, valet de chambre de Charles VI.
Un des exemplaires en GRAND PAPIER, pour les membres de la Société.

22. **Mélanges** de Littérature et d'Histoire. *Paris, Bibliophiles François*, 1856-1867, 2 vol. gr. in-8, *brochés*, couv.

Exemplaires de membre de la Société, imprimé sur GRAND PAPIER DE HOLLANDE.

23. **Registre** criminel du Chatelet de Paris du 6 septembre 1389 au 18 mai 1392. *Paris, Lahure (pour la Société des Bibliophiles François)*, 1861-1864, 2 vol., in-4, *brochés*, couv.

Publié par M. Duplès-Agier. Renseignements curieux sur les mœurs, les usages, la vie privée de Paris au XIVe siècle.
Un des 30 exemplaires in-4, réservés pour les membres, imprimé sur PAPIER DE HOLLANDE.

24. **Roti-Cochon** ou méthode très facile pour bien apprendre les (*sic*) enfans à lire en latin et en françois. *Paris, Bibliophiles François, (suivant la Copie imprimée à Dijon, chez Claude Michard)* 1890, in-8, fig., *broché*, couv.

Réimpression fac-similé ornée de curieuses figures, tirée à petit nombre, de ce livre singulier d'éducation. Il est précédé d'une introduction, par Georges Vicaire.

---

25. **Bossuet** (J.-B.). TRAITÉ DE L'AMOUR DE DIEU, nécessaire dans le Sacrement de Pénitence, suivant la Doctrine du Concile de Trente. Ouvrage posthume composé en latin par J.-B. Bossuet, Evêque de Meaux, donné avec la traduction française par J.-B. Bossuet, Evêque de Troyes. *Paris, B. Alix*, 1736, 2 part. en un vol. in-12, mar. rouge, dos orné. tr. dor. (*Rel. anc.*)

ÉDITION ORIGINALE.
Rare exemplaire aux armes du cardinal de GESVRES.

26. **Bouhours** (le Père). DOUTES SUR LA LANGUE FRANÇOISE. *Paris, Séb. Mabre-Cramoisy*, 1675, in-12, mar. citron, dos orné, fil., tr. dor. (*Rel. anc.*)

Bel exemplaire aux armes de Madame SOPHIE de France, fille du roi Louis XV.

27. **Bourette** (Mme). LA MUSE LIMONADIÈRE, ou recueil d'ouvrages en vers et en prose. Par Madame Bourette, cy-devant Madame Curé. Avec les différentes pièces qui lui ont été adressées. *Paris, Séb. Jorry*, 1755, 2 vol. in-12, mar. rouge, dos orné, fil., tr. dor. (*Rel. anc.*)

Ouvrage dédié au roi de Pologne Stanislas Leczinski.

Mme Bourette, dont le mari tenait un café, rue Croix des Petits Champs, le *Café allemand*, était en relation avec la plupart des hommes de lettres de son temps qui fréquentaient l'établissement de son mari ; Piron, Maupertuis, Lemierre, Marivaux, Vadé et l'abbé Prévost; Mme de Graffigny y venait aussi parfois.

Les poésies de Madame Bourette, sont souvent consacrées aux petits événements de son temps. Elles sont adressées à des personnages connus des deux sexes.

Très bel exemplaire aux armes de la dauphine MARIE-JOSÈPHE DE SAXE.

28. **Boursault.** LES FABLES D'ESOPE, comédie. Seconde édition. *Paris, Th. Girard*, 1690, in-12, front., mar. rouge, dos et coins fleurdelisés, fil., tr. dor. (*Rel. anc.*)

Bel exemplaire aux armes du roi LOUIS XIV.

29. **Bret** (A.). ESSAI DE CONTES MORAUX ET DRAMATIQUES. Par M. B***. *Paris, Prault*, 1765, in-12, mar. vert, dos orné, fil., tr. dor. (*Rel. anc.*)

Bel exemplaire aux armes de la duchesse de GRAMONT-CHOISEUL.

30. **Bretonneau** (Fr.). Abrégé de la Vie de Jacques II. Roy de la Grande-Bretagne, etc. Tiré d'un écrit anglais du R. P. François Sanders, par le P. François Bretonneau. Avec un recueil des sentiments du mesme Roy, sur divers sujets de piété. *Paris, Impr. royale (Jean Anisson)*. 1703, in-12. portr., mar. rouge jans., tr. dor. (*Rel. anc.*)

31. **Bury** (de). HISTOIRE DE LA VIE DE LOUIS XIII, Roi de France et de Navarre. *Paris, Saillant*, 1768, 4 vol. in-12, mar. rouge, dos orné, fil., ornements aux angles et sur les bords des fil., tr. dor. (*Rel. anc.*)

Très bel exemplaire dans une jolie et très fraîche reliure aux armes de DE BERNSTORFF, homme d'Etat Danois.

32. **Carlet de la Roziere.** CAMPAGNE DU MARÉCHAL DE VILLARS et de Maximilien-Emmanuel, Electeur de Bavière, en Allemagne, en 1703. *Paris, Merlin*, 1766, in-12, cartes, mar. vert. dos orné, fil., tr. dor. (*Rel. anc.*)

Aux armes du comte H. DE CALENBERG.

33. **Castera** (J.-H.). Odes, par M. Castera. *Amsterdam et Paris, Bailly*, 1785, pet. in-12, mar. vert, dos orné, fil., tr. dor. (*Rel. anc.*)

34. **Cervantès.** L'Ingénieux Hidalgo Don Quichotte de la Manche par Miguel de Cervantes de Saavedra, traduit et annoté par Louis Viardot, vignettes de Tony Johannot. *Paris, Dubochet et Cie*, 1836-1840, 2 vol. gr. in-8, fig. et carte, *brochés*, couv.

Très bel exemplaire en parfait état.
Les couvertures sont à la date de 1839.

35. **Champlain.** Les Voyages de la Nouvelle France Occidentale, dicte Canada, faits par le Sr de Champlain Xainctongeois, et toutes les descouvertes qu'il a faites en ce païs depuis l'an 1603 jusques en l'an 1629. Ou se voit comme ce pays a esté premierement descouvert par les François. *Paris, Cl. Collet*, 1632, in-4 de 16 pp. et 1 f. blanc, 308 pp., 310 pp. et 1 f. blanc, 20 pp. de la Doctrine chrestienne du R. P. Ledesme traduicte par le R. P. Brebœuf, 54 pp. Traité de la Marine de Champlain, et 8 pp. de Table, fig., vélin anc.

Ouvrage des plus intéressants pour l'Histoire du Canada et de l'établissement des Français en Amérique.
Exemplaire avec les feuillets préliminaires exactement chiffrés, 1 à 16; ces exemplaires, bien complets ainsi, ne contiennent pas un feuillet, séparé, non chiffré, formant encart: *Advertissement au lecteur* qui ne se trouve que dans les exemplaires avec ff. lim. chiffrés deux fois 1 à 8.
Incomplet de la carte de la *Nouvelle France*. Rousseurs et piqûres de vers assez importantes dans les marges.

36. **Charnes** (abbé de). Conversations sur la critique de la Princesse de Clèves. *Paris, Cl. Barbin*, 1679, in-12, mar. rouge, dos orné à la grotesque, fil., tr. dor. (*Rel. anc.*)

Aux armes de Fauconnet de Vildé. Mouillures.

37. **Chateaubriand** (Fr. Aug. de). Atala, ou les Amours de deux sauvages dans le désert. Cinquième édition. *Paris, Migneret*, 1801, pet. in-12, mar. citron jans., tr. dor. (*Trautz-Bauzonnet.*)

Edition publiée la même année que l'édition originale. Elle comprend 157 pp. à pagination continue. Bel exemplaire.

38. **Choix** de Lecture pour les Dames ou Morceaux choisis des Meilleurs Ecrivains des deux derniers siècles. *Paris, Le Fuel, s. d.*, in-12, fig., veau fauve, dos orné avec pièce de titre mosaïqué vert et rouge, pet. dent., tr. dor. (*Rel. anc.*)

Bel exemplaire. Jolie reliure.

39. **Cicéron.** Les Oraisons de Cicéron contre Catilina. (Traduction de Du Ryer et de Giry). *Paris, J. Bessin*, 1652,

in-12, mar. rouge, dos orné à la grotesque, chiffres, fil., tr. dor. (*Rel. anc.*)

Bel exemplaire au chiffre sur les plats du comte R. A. de Vignacourt.

40. **Commines** (Ph. de). Cronique et Histoire composée par Philippe de Commines, chevalier, seigneur d'Argenton, contenant les choses advenues durant le regne du Roy Loys unziesme et Charles huictiesme son fils. Nouvellement reveue et corrigée. *Paris, Jehan Ruelle*, 1551, in-16, mar. rouge jans., tr. dor. (*Trautz-Bauzonnet.*)

Jolie édition rare, imprimée en *caractères italiques*. Portrait de Ph. de Commines par *Th. de Leu*, ajouté. Bel exemplaire.

41. **Comptes** (les) **du Monde adventureux.** Par A. D. S. D. *Paris, J. Longis et R. Le Mangnier*, 1560, in-16, mar. bleu, dos orné, dent., tr. dor. (*Rel. anc.*)

Livre rare composé de 54 nouvelles tirées du *Novellino* de Masuccio, de *Proverbi* de Fabricio et d'autres auteurs.

Les initiales A. D. S. D. d'après M. Félix Frank, qui a donné en 1878, une réimpression de ce livre, doivent être celles de Antoine de Saint-Denis, curé de Champflour.

Bel exemplaire avec quelques témoins, aux armes du comte d'Hoym (nº 2582 du catalogue).

42. **Conseil** salutaire d'un bon Françoys aux Parisiens. Contenant les impostures et monopoles des faux Prédicateurs. Avec un Discours véritable des actes plus mémorables de la Ligue, depuis la journée des Barricades. Ensemble l'assassinat et parricide commis en la personne du Roy de France et de Pollogne Henry III du nom. Et les lettres de sa Majesté, escrittes au Comte de Montbeliart depuis sa blessure, etc. (*A Chaalons, impr. de Cl. Guyot*), 1590, pet. in-8, mar. rouge, dos orné, double rangée de fil. avec coins ornés, tr. dor. (*Rel. anc.*)

Pièce importante et rare.

A la suite : André Maillard. Le Francophile pour Prince Henry Auguste 4 Roy de France et de Navarre. Contre les conspirations du Roy d'Espagne, du Pape et des rebelles de France. *S. l.*, 1591, pet. in-8. Pièce rare. Devise manuscrite de l'époque, *Charite et Probitate*, en haut du titre.

43. **Conseils** (les) de la Sagesse, ou le Recueil des Maximes de Salomon les plus nécessaires à l'homme pour se conduire sagement. Avec des Réflexions sur ces Maximes. *Paris*, 1736, 2 part. en un vol. in-12, mar. vert, fil. à froid, doublé de mar. vert, larges dent., tr. dor.

Cet ouvrage avait été attribué au surintendant Fouquet ; mais il est en réalité l'œuvre du P. Michel Boutauld.

Belle reliure moderne non signée.

44. **Cordemoy** (de). DIVERS TRAITEZ DE MÉTAPHYSIQUE, d'Histoire et de Politique. *Paris, Vve J.-B. Coignard,* 1691, in-12, mar. rouge, dos orné, fil., tr. dor. (*Rel. anc.*)

Bel exemplaire aux armes de Louis PHÉLYPEAUX, comte de Pontchartrain.

45. **Corneille** (Pierre). L'IMITATION DE JESUS-CHRIST. Traduite et paraphrasée en vers françois. Edition nouvelle retouchée par l'Auteur avant sa mort. *Paris, M. David,* 1715, pet. in-8, front. et fig., mar. vert, dos orné, large dent., fleurettes dans les angles, tr. dor. (*Rel. anc.*)

Bel exemplaire dans une jolie reliure à dentelles probablement de *Padeloup.*

46. **Cotolendi** (Ch.). La Vie de Madame la Duchesse de Montmorency, Supérieure de la Visitation de Sainte Marie de Moulins (par Ch. Cotolendi). *Paris, Cl. Barbin,* 1684, in-8, portr., mar. rouge, dos orné, fil., ornements aux angles, tr. dor. (*Rel. anc.*)

Exemplaire aux armes de MONTMORENCY-LUXEMBOURG (avec un lambel).

47. **Crébillon** (P. Jolyot de). PYRRHUS, TRAGÉDIE. Par M. de Crébillon. *Paris, Vve Coustelier,* 1726, in-8, mar. rouge, dos orné, fil., tr. dor. (*Rel. anc.*)

EDITION ORIGINALE.
Très bel exemplaire aux armes de LOUIS DE BOURBON, prince de Condé.

48. **Cuisinier** (le) Gascon. *Amsterdam,* 1740, in-12, veau marbré, dos orné, fil., coins fleurdelisés. (*Rel. anc.*)

EDITION ORIGINALE de cet ouvrage anonyme, dédié au Prince de Dombes. Curieuses recettes de cuisine, sous des noms pittoresques.

49. **Danet** (Pierre). Dictionarium linguæ latinæ in quo singulæ voces suis radicibus subjiciuntur. *Parisiis, A. Pralard,* 1677, in-8, mar. rouge, dos orné, fil. à la Du Seuil, tr. dor. (*Rel. anc.*)

Très bel exemplaire. De la bibliothèque de J.-B. COLBERT.

50. **Delille** (J.). Œuvres de J. Delille, avec les Notes de MM. Parseval-Grandmaison, de Choiseul-Gouffier, Aimé-Martin, etc. Deuxième édition. *Paris, Lefèvre (typ. de F. Didot frères),* 1833, gr. in-8 à 2 col., portr., veau violet, dos orné de dorures, encadr. de fil. dorés, dent. et milieux à froid, tr. marbrée. (*Ginain.*)

Jolie reliure.

51. **Descartes** (René). Les Passions de l'Ame. *Amsterdam, Louys Elzevier et Paris, H. Le Gras*, 1650, in-12, mar. rouge jans., tr. dor. (*Trautz-Bauzonnet.*)

Édition la même que l'originale de 1649. Le titre seul a été modifié.
Bel exemplaire de la bibliothèque J. Janin.

52. **Deshoulières** (Mmes). Poésies de Madame Deshoulières (et de Mademoiselle Deshoulières). Nouvelle édition augmentée de plusieurs ouvrages qui n'ont point encore paru. *Paris, J. Villette*, 1707-1711, 2 tomes en un vol. pet in-8, portr., mar. vert jans., tr. dor. (*Trautz-Bauzonnet.*)

Bel exemplaire.

53. **Du Breul** (Jacques). Le Théâtre des Antiquitez de Paris où est traicté de la fondation des Eglises et Chapelles de la Cité, Université. Ville et Diocèse de Paris, comme aussi de l'Institution du Parlement, fondation de l'Université et Collèges, et autres choses remarquables. Divisé en quatre livres. *Paris, P. Chevalier*, 1612, in-4, portr. et fig., vélin.

Première édition de cet ouvrage estimé. Elle est ornée de gravures et portraits par *Thomas de Leu* et *L. Gaultier.*
Incomplet des pp. 687 à 690.

54. **Du Fail** (Noël). Propos rustiques, de maistre Léon Ladulfi champenois. *Lyon, Jean de Tournes*, 1547, pet. in-8 de 100 pp., mar. vert, dos orné de chiffres. (*Rel. anc.*)

La plus ancienne édition que l'on connaisse de cette facétie, faite à l'imitation de Rabelais, par Noël Du Fail. Très rare.
A la suite : L'Histoire plaisante et facétieuse du Lazare de Tormes espagnol. En laquelle on peult recongnoistre bonne partie des meurs, vie et conditions des Espagnolz traduit Hurtado de Mendoza, par Jean Saugrain, *Paris, J. Longis et R. le Mangnier, s. d.* (1561), pet. in-8 de 59 ff. chiffr. et 1 f. de Privilège. Très rare.
Ces deux ouvrages sont recouverts d'une reliure (défraîchie) aux armes et chiffres de J. Aug. de Thou et Marie de Barbançon, sa première femme.
Ce précieux exemplaire a figuré à la Vente Brunet (n° 468) adjugé 2005 fr.

55. **Du Fouilloux** (J.). **La Venerie de Jacques du Fouilloux** seigneur dudit lieu, gentilhomme du pays de Gastine en Poictou, par luy jadis dediée au tres-chretien Roy Charles neufiesme. *Paris, Abel L'Angelier*, 1606, in-4, fig., mar. rouge jans., tr. dor. (*Trautz-Bauzonnet.*)

Excellente édition de cet important livre classique sur la Chasse. Elle est ornée de nombreuses figures sur bois et se termine par la *Chasse au loup de J. de Clamorgan*, avec figures sur bois et par le *Recueil des Mots, Dictions et Manières de parler en l'Art de Vénerie*, partie de 4 ff. non paginés.
A la suite : La Fauconnerie de Jean de Franchières, grand prieur d'Aquitaine, avec tous les autres autheurs qui se sont peu trouver, traictans de ce subject. *Paris, Abel L'Angelier*, 1607, in-4, fig.
Très beaux exemplaires de ces deux ouvrages.

56. **Duguet** (abbé). Conduite d'une Dame chrétienne pour vivre saintement dans le monde. *Paris, J. Vincent*, 1730, in-12, mar. vert fil. à froid, tr. dor. (*Rel. anc.*)

Cet ouvrage fut composé pour Madame d'Aguesseau.

57. **Du Verdier** (Antoine). Les Omonimes, satire des mœurs corrompues de ce siècle, par Ant. Du Verdier. *Lyon, Ant. Gryphius* (*de l'impr. de Pierre Roussin*), 1572, in-4, réglé, mar. rouge, jans., tr. dor. (*Trautz-Bauzonnet.*)

Très bel exemplaire de ce singulier poème écrit de manière à ce que la terminaison de chaque vers soit homonyme avec le vers précédent.
Très grand de marges. Très beau portrait de Ant. Du Verdier, gravé sur bois au XVIe siècle dans un riche encadrement, ajouté.

58. **Eloge** HISTORIQUE OU VIE ABRÉGÉE DE SAINTE FREMIOT DE CHANTAL, Fondatrice et première Supérieure de l'Ordre de la Visitation de Sainte-Marie. *Paris, Ch. Pierre Berton*, 1768, in-12, portr., mar. rouge, dent., tr. dor. (*Rel. anc.*)

Jolie reliure à dentelles du XVIIIe siècle.

59. **Ennetières** (Jean d'). Les Quatre Baisers que l'Ame dévote peut donner à son Dieu dans ce monde. *Tournay, impr. d'Adrien Quinqué*, 1641, pet. in-12, mar. rouge, dos orné, pet. dent., tr. dor. (*Rel. anc.*)

Curieux poème mystique, très rare. Bel exemplaire.
M. Vander Haeghen, dans sa *Bibliotheca Belgica*, n'en cite que deux exemplaires.

60. **Entrée** (l') de François premier Roi de France, dans la ville de Rouen, au mois d'Août 1517. Réimprimé d'après deux opuscules rarissimes de l'époque et précédé d'une introduction par Ch. de Robillard de Beaurepaire. *Rouen, impr. de H. Boissel*, 1867, in-8, *broché*.

Publié par la *Société des Bibliophiles normands*.

61. **Espence** (Cl. d'). Paraphrase, ou Méditation sur l'Oraison Dominicale. Avec autres Opuscules. Le tout par M. Claude d'Espence, Docteur en théologie, *Lyon, J. de Tournes*, 1550, in-16, mar. La Vallière jans., tr. dor. (*Trautz-Bauzonnet.*)

62. **Etui-Boite,** EN FORME DE RELIURE in-12 carré, mar. rouge dos orné, dent., tr. dor. (*Rel. anc.*)

Joli bibelot avec dentelles sur les plats, aux armes de la DUCHESSE DE NOAILLES, née Catherine-Françoise-Charlotte COSSÉ-BRISSAC. Elle avait épousée Louis, duc de Noailles, maréchal de France, et elle fut une des victimes de la Révolution, le 4 thermidor an II.
Sur le dos les mots : *Médita* (*tions*) *de Ste-Franç* (*oise*).
A l'intérieur doublé de tabis bleu, d'un côté un beau portrait de femme

agenouillée, en méditation devant un Christ, derrière elle on aperçoit une bibliothèque. Ce portrait, finement exécuté à l'aquarelle sur vélin, doit être celui de la DUCHESSE DE NOAILLES ? il porte en bas en lettres manuscrites : *Abrenuntio Satanæ et adhæreo tibi, Christe.*

De l'autre côté, sur vélin également, on a calligraphié les mots : *Quis nos separabit a charitate Christi. Rom. 8*, entourés de fleurettes dorées et mosaïquées de couleur.

La glace et l'encadrement du portrait sont détachés.

63. **Fauvelet du Toc** (Ant.). Histoire de Henry Duc de Rohan, Pair de France. *Paris, J. Guignard,* 1666, in-12, mar. rouge, dos orné, fil., tr. dor. (*Rel. anc.*)

PREMIÈRE ÉDITION. Portrait ajouté. Bel exemplaire.
Les nom et adresse du libraire ont été rapportés sur le titre.

64. **Foé** (D. de). Aventures de Robinson Crusoé par Daniel de Foé. Traduction nouvelle. Edition illustrée par Grandville. *Paris, H. Fournier aîné,* 1840, in-8, portr. et fig., *broché,* couv.

PREMIER TIRAGE.

65. **Fontaine** (Charles). Ode a un gentilhomme allant vers le Roy au camp, en juillet 1554. Plus une autre Ode de l'auteur, à sa muse. Plus un Adieu à la Ville de Paris, en septembre 1554. *Paris, V. Sertenas,* 1554, pet. in-8, mar. bleu, dos orné, fil., tr. dor. (*Trautz-Bauzonnet.*)

Très bel exemplaire, qui paraît être le seul connu ?

66. **Fontanus** (J.). De Bello Rhodio. Libri tres. Authore Jacobo Fontano Brugensi. (In fine :). *Romæ, in ædibus F. Minitii Calvi,* 1524, pet. in-fol. de 44 ff. dont 2 blancs, non relié.

EDITION ORIGINALE. Rare.
Beau titre orné. Quelques soulignures à la plume et annotations manuscrites dans les marges.

67. **Fontenelle.** Entretiens sur la Pluralité des Mondes. *Dijon, impr. de P. Causse, an 2* (1794), pet. in-8, portr., mar. vert, dos orné, dent., doublures et gardes de tabis rose, tr. dor.

Bel exemplaire en PAPIER VÉLIN, avec le portrait en deux états différents.
De la bibliothèque de CROZAT.
A la fin : le Catalogue des Livres imprimés par J.-B. Bodoni, qui se trouvent chez Renouard.

68. **Fumée** (Jaques de). De l'Origine, progrez, institution et cérémonies de l'Ordre de Malte. Autrement de S. Jean de Jérusalem. *Paris, G. Auvray,* 1604, in-8, vélin anc.

69. **Gamaches** (de). DISSERTATIONS LITTÉRAIRES et philosophiques. *Paris, de Nully,* 1755, in-12, mar. rouge, dos orné, fil., fleurons dans les angles, tr. dor. (*Rel. anc.*)

Très bel exemplaire aux armes d'un évêque ? (une croix avec un gland dans le premier canton ; l'écu surmonté d'une mitre et d'une crosse).

70. **Garnier** (R.). Les Tragédies de Robert Garnier Conseiller du Roy, Lieutenant general Criminel au siège Présidial et Senechaussee du Mayne. *Lyon, P. Rigaud*, 1607, in-12, mar. brun, dos orné, fil., milieux dorés, tr. dor. (*Capé.*)

Recueil de huit tragédies : *Porcie, Cornélie, M. Antoine, Hippolyte, la Troade, Antigone, les Juives* et *Bradamante*. Bel exemplaire.

71. **Gibert de Montreuil**. Roman de la Violette, ou de Gérard de Nevers, en vers, du XIIIe siècle, par Gibert de Montreuil ; publié pour la première fois, par Francisque Michel. *Paris, Sylvestre*, 1834, gr. in-8, fig., *broché*, couv.

Un des 15 exemplaires sur PAPIER DE HOLLANDE, contenant la suite des 8 gravures en double état : en noir et sur vélin coloriées à l'imitation des anciennes miniatures.

72. **Gilbert** (N. J. Laurent). ŒUVRES COMPLÈTES DE GILBERT, publiées pour la première fois avec les corrections de l'auteur et les variantes, accompagnées de notes littéraires et historiques (par M. Mastrella). *Paris, Dalibon (impr. de J. Didot l'aîné)*, 1823, in-8, portr., fig. et fac-similé, mar. vert, fil. à froid, tr. dor. (*Trautz-Bauzonnet.*)

Très bel exemplaire sur GRAND PAPIER VÉLIN orné d'un portrait et 4 figures d'après *Desenne*, sur CHINE en double état, AVANT LA LETTRE et EAU-FORTE.

On y a joint : une très intéressante LETTRE AUTOGRAPHE signée de Gilbert à Monsieur d'Arnaud (Baculard d'Arnaud), 3 pp. in-4, épître touchante où il dépeint à son protecteur la malheureuse situation dans laquelle il se trouve.

73. **Goëthe**. LES SOUFFRANCES DU JEUNE WERTHER par Goethe, traduites par le comte Henri de La B (édoyère). Seconde édition. *Paris, impr. de Crapelet*, 1845, gr. in-8, portr. et fig., mar. vert, fil,, tête dor., *non rogné*. (*E. Niedrée.*)

Bel exemplaire en GRAND PAPIER VÉLIN. On a ajouté :
1° 3 figures de *Moreau*, épreuves AVANT LA LETTRE.
2° 4 figures de *Duplessis-Bertaux*, remontées.
3° 10 figures de *Tony-Johannot*, AVANT LA LETTRE sur CHINE.
4° 2 portraits et 12 figures au trait remontées.

74. **Goldoni** (Charles). LE BOURRU BIENFAISANT, comédie en trois actes et en prose. Représentée à la Cour le mardi 5 Novembre 1771. *Paris, Vve Duchesne*, 1771, gr. in-8, mar. rouge, dos et coins ornés de fleurs de lis, fil., tr. dor. (*Rel. anc.*)

ÉDITION ORIGINALE.
Très bel exemplaire de DÉDICACE aux armes de Madame ADÉLAÏDE DE FRANCE, fille du roi Louis XV. Joli papier de garde.

75. **Gueullette** (Th. S.). Les Avantures merveilleuses du Mandarin Fum-Hoam, contes chinois, ornées de figures en taille-douce. *Paris, D. Mouglet*, 1723, 2 vol. in-12, fig., mar. rouge, dos orné de fleurs de lis, dent., tr. dor. (*Rel. anc.*).

Bel exemplaire dans une riche reliure aux armes de Louise-Françoise de Bourbon-Condé, dite Mademoiselle de Nantes, avec la cordelière de veuve. Curieux papiers de garde dorés avec fleurs mosaïquées.

76. **Gumble** (Th.). La Vie du Général Monk duc d'Albemarle, etc. le restaurateur de S. M. Britannique Charles second. Traduit de l'anglais de Thomas Gumble (par Guy Miège). *Londres, Robert Scot*, (*Amst., J. Blaeu*), 1672, pet. in-12, portr., mar. rouge, dos orné, fil., tr. dor. (*Duru.*)

77. **Heures Nouvelles** dédiées à Madame la Dauphine, contenant les Offices, Vespres, Hymnes et Proses de l'Église. *Paris, Le Gras*, 1686, in-8, fig., réglé, relié en galuchat, tr. dor. (*Rel. anc.*)

Avec rehauts d'or et couleur à certaines pages.

78. **Hue** (François). Dernières années du Règne et de la Vie de Louis XVI (avec son Testament). *Paris, Impr. royale*, 1814, fort vol. in-8, portr., mar. rouge à grains longs, dos plat orné avec fleurs de lis, pet. dent. et coins fleurdelisés, doublé de moire bleue, tr. dor. (*Rel. anc.*)

Bel exemplaire en Papier vélin. Rare.

79. **Kempis** (Thomas). IV livres de l'Imitation de Jesus-Christ. Traduites en françois avec la vie du mesme autheur recueillie par Heribert Ros-Weyde. *Anvers, Impr. Plantinienne*, 1632, in-32, fig., veau, fermoirs. (*Rel. anc.*)

On y joint: Les Pseaumes de David, mis en rime françoise par Clement Marot et Théodore de Béze. *Charenton, Ant. Cellier*, 1667, in-32, relié en galuchat (les fermoirs manquent).

80. **Labé** (Louise). Œuvres de Louïse Labé lyonnaise. Édition publiée par L. Boitel. *Lyon, Savy*, 1845, in-12, mar. bleu, fil. à froid, tr. dor. (*Trautz-Bauzonnet.*)

Jolie réimpression, tirée à 200 exemplaires. Bel exemplaire.

81. **La Fayette** (Mme de). La Princesse de Montpensier. *Paris, L. Billaine*, 1662, in-12, mar. bleu, dos orné, fil., tr. dor. (*Trautz-Bauzonnet.*)

Édition originale. Bel exemplaire.

82. **La Rochefoucauld.** Maximes et Réflexions Morales du duc de La Rochefoucauld. *Paris, Impr. royale,* 1778, in-8, portr., mar. La Vallière jans., tr. dor. (*Trautz-Bauzonnet.*)

Édition très bien imprimée, avec un joli portrait de l'auteur gravé par *Choffard.* Bel exemplaire.

83. **La Rochejaquelein** (M[se] de). Mémoires de Madame la Marquise de La Rochejaquelein, écrits par elle-même. Quatrième édition, revue, corrigée et augmentée d'une table raisonnée et analytique. Avec deux cartes et un portrait. *Paris, Michaud,* 1817, in-8, portr. et cartes, mar. rouge, dos orné de fleurs de lis, tr. dor. (*Trautz-Bauzonnet.*)

Bel exemplaire très bien relié.

84. **La Suze** (Mme de). Poésies de Madame la Comtesse de la Suze. *Paris, Ch. de Sercy,* 1666, in-12, mar. vert, dos orné, fil., tr. dor. (*Trautz-Bauzonnet.*)

Première édition. A la suite : *Maximes d'amour* et *Almanach d'amour* (avec figures) pour 1665, de Bussy-Rabutin.
Bel exemplaire.

85. **Le Camus** (Louys). Dixains (27) sur divers Conseils moraux. Par Louys Le Camus, Procureur au Chastelet de Paris. *Paris, J. Guignard,* 1655, in-12, mar. rouge, dos orné de fleurs de lis, double rangée de fil. avec fleurs de lis aux angles, tr. dor. (*Rel. anc.*)

A la suite, du même auteur : *Dixains* (52) *sur l'Oraison Dominicale.* Paris, 1655, in-12, front.

86. **Le Maistre.** Le Procès du Melon. A Monsieur du Laurens, conseiller et premier Médecin du Roy. Par M. L. M. (Le Maistre). *Paris, M. Le Maistre,* 1607, pet. in-4, mar. orange, grands milieux à petits fers, tr. dor. (*Trautz-Bauzonnet.*)

Ce poème, presque inconnu, est une invective sérieuse contre un melon qui avait rendu malade le roi Henri IV pendant la nuit.
Bel exemplaire. Des bibliothèques du baron de La Roche-Lacarelle et du baron Franchetti.

87. **Le Sage.** Histoire de Gil Blas de Santillane. Par M. le Sage. Dernière édition, revue et corrigée. *Paris,* 1747, 4 vol. in-12, fig., veau marbré, dos orné. (*Rel. anc.*)

Première édition complète renfermant le texte définitif du roman. Figures gravées à l'eau-forte, par *Dubercelle.*

88. **Lettres** du Roy Louis XII, et du Cardinal George d'Amboise. Avec plusieurs autres lettres, Mémoires et Ins-

tructions écrites depuis 1504 jusques et compris 1514. *Brusselles, Fr. Foppens*, 1712, 4 vol. in-12, portr., mar. rouge, dos orné, fil., tr. dor. (*Rel. anc.*)

Bel exemplaire.

89. **Levesque** (Cath.). LE TRIOMPHE DE LA CROIX, contenant les trois états de la perfection chrétienne. En vers. Par M. Catherine Levesque de Perrone. *Paris, P. de Bresche*, 1668, pet. in-8, front. et fig., mar. rouge, dos orné, fil., tr. dor. (*Rel. anc.*)

Bel exemplaire de DÉDICACE aux armes et chiffres de la reine MARIE-THÉRÈSE D'AUTRICHE, femme de Louis XIV.

90. **Littérature** des Dames ou Morceaux choisis des Meilleurs Auteurs anciens et modernes. *Paris, Le Fuel*, (*calendrier pour* 1812), in-12, fig., veau fauve, dos orné avec pièce de titre mosaïquée vert et rouge, pet. dent., tr. dor. (*Rel. anc.*)

Bel exemplaire. Jolie reliure.

91. **Maimbourg** (Cl.). ELOGE HISTORIQUE, OU LA VIE DE SAINT-THOMAS DE VILLENEUVE, Religieux de l'Ordre de Saint-Augustin, Archevesque de Valence, surnommé l'Aumosnier. Traduits en françois par le P. Claude Maimbourg. *Paris, Ant. Warin*, 1666, in-12, portr., mar. rouge, dos orné de chiffres, fil., chiffres dans les angles, tr. dor. (*Rel. anc.*)

Exemplaire de DÉDICACE aux armes et chiffres de la reine MARIE-THÉRÈSE, femme de Louis XIV.

La reliure est passée de couleur. Ex-libris de Aglaus Bouvenne, au bas du titre.

92. **Maistre** (X. de). Voyage autour de ma chambre, par M. le C. X*** O. A. S. D. S. M. S. (Xavier de Maistre. Officier au service de Sa Majesté Sarde). *Paris, Dufart*, 1797, in-12, front., mar. citron, dos orné, fil., tr. dor. (*Trautz-Bauzonnet.*)

Bel exemplaire avec de nombreux témoins.

93. **Malherbe.** Les Poésies de Malherbe, avec les Observations de Ménage. Segonde (*sic*) édition. *Paris, Cl. Barbin*, 1689, in-12, mar. brun jans., tr. dor. (*Trautz-Bauzonnet.*)

Bel exemplaire.

94. **Marguerite de Valois.** L'Heptameron des Nouvelles de très haute et très illustre Princesse Marguerite d'Angoulême Reine de Navarre. Publié sur les manuscrits par les soins et avec les notes de MM. Le Roux de Lincy et Anatole de

Montaiglon. *Paris, Aug. Eudes*, 1880, 4 tomes en 8 vol. in-8, portr. et fig., *brochés*, couv.

Un des 31 exemplaires numérotés, imprimés pour la Société des Bibliophiles François, non mis dans le commerce.
On y joint *L'Heptameron des Nouvelles*, édition publiée par la Société des Bibliophiles François. *Paris*, 1853, tomes 1 et 2 (sur 3), in-8, *brochés*, couv.

95. **Marie de France.** Poésies de Marie de France, Poète Anglo-Normand du XIIIe siècle, ou Recueil de Lais, Fables et autres productions de cette femme célèbre; publiées par B. de Roquefort. *Paris, Chasseriau*, 1820, 2 vol. in-8, fig., mar. rouge, fil. à froid, armes et chiffres, tr. dor. (*E. Niedrée.*)

Papier vélin. Figures de *Chasselat* avant la lettre. Rousseurs.
Exemplaire relié sur brochure aux armes et chiffres du marquis de Coislin.

96. **Marillac** (M. de). Relation de la descente des Anglois en l'Isle de Ré. Du Siege mis par eux au Fort ou Citadelle de Sainct-Martin: Et de tout ce qui s'est passé de jour en jour tant dedans que dehors, pour l'attaque, défense et secours de ladite place, et jusques à la défaite et retraite des dits Anglois (par Michel de Marillac). *Paris, E. Martin*, 1628, pet. in-8, vélin blanc, double fil., tr. dor. (*Rel. anc.*)

Les Anglais étaient venus au secours des protestants assiégés dans la Rochelle.
Exemplaire dans sa reliure originale.

97. **Marivaux.** Le Legs, comédie en un acte de Monsieur (Marivaux). *Paris, Prault fils*, 1736, in-12, mar. rouge jans., tr. dor. (*Cuzin.*)

Édition originale. Bel exemplaire grand de marges. Rare.

98. **Marmontel.** Bélisaire, par M. Marmontel. *Neufchâtel*, 1767, in-8, front. et fig., veau marbré, dos orné, fil., (*Rel. anc.*)

Illustré d'un frontispice et de trois figures par *Gravelot*.

99. **Massillon.** Sermons de M. Massillon, Evêque de Clermont. Petit Carême. *Paris, veuve Estienne et fils*, 1745, in-12, mar. vert clair, dos orné, fil., tr. dor. (*Rel. anc.*)

Édition originale. Ces 12 sermons qui comptent parmi les meilleurs de Massillon, furent prononcés en 1710 devant Louis XV enfant. Cette édition a été publiée par le Père J. Massillon, oratorien, neveu de l'auteur.

100. **Mathieu** (Pierre). La Conjuration de Conchine (maréchal d'Ancre). *Paris, P. Rocolet*, 1618, pet. in-8, mar. rouge, dos orné, fil., tr. dor. (*Rel. anc.*)

101. **Ménestrier** (le Père). La Science et l'Art des Devises, dressez sur de nouvelles regles, avec six cens Devises sur les principaux événemens de la vie du Roy et quatre cents devises sacrées. *Paris, J.-B. de La Caille,* 1686, in-8, front., mar. rouge, dos orné, double rangée de fil., coins ornés, tr. dor. (*Rel. anc.*)

Très bel exemplaire de dédicace, aux armes de Hyacinthe Serroni, premier archevêque d'Albi, abbé de la Chaize-Dieu.

102. **Mercoeur** (Mlle Elisa). Poésies de Mlle Elisa Mercoeur (de Nantes). Seconde édition, augmentée de nouvelles pièces. *Paris. Crapelet,* 1829, in-12, portr., mar. bleu, dos orné, fil., tr. dor. (*Trautz-Bauzonnet.*)

Très bel exemplaire en papier vélin.

103. **Molière.** Les Fâcheux, comedie, de I. B. P. Moliere. Representee sur le Theatre du Palais Royal. *Paris, G. de Luyne,* 1663, in-12, mar. citron, dos orné, fil., tr. dor. (*Trautz-Bauzonnet.*)

Réimpression de l'édition originale. Bel exemplaire.

104. **Motteville** (Mme de). Mémoires pour servir à l'histoire d'Anne d'Autriche épouse de Louis XIII, roi de France, par madame de Motteville, une de ses favorites. *Amsterdam, Changuion,* 1723, 5 vol. in-12, veau marbré de couleurs, dos orné, fil., tr. dor. (*Rel. anc.*)

Première édition. Madame de Motteville était fille d'une dame espagnole attachée à la reine Anne d'Autriche, elle devint elle-même la confidente intime de cette princesse.

105. **Muret** (M. A.). Juvenilia. Eleuchum sequens pagella continet. *Bardi Pomeraniae, ex off. Principis,* 1590, in-12, veau gris, dos orné, fil.

Epigrammes de J. Dorat, J. A. de Baïf, E. Jodelle, Buchanan, etc., précédés de la tragédie de J. César. A la fin des épigrammes, deux petites pieces latines d'un élève de Muret, L. Memmius Fremiot.
Impression rare.

106. **Muret** (N.). Cérémonies Funèbres de toutes les Nations. Par le sieur Muret. *Paris, M. Le Petit,* 1675, in-12, mar. rouge, double rangée de fil. avec fleurons, tr. dor. (*Rel. anc.*)

Funérailles des Egyptiens, des Grecs, des Romains, des Turcs, des Chinois, des Américains, de quelques Insulaires, etc.
Bel exemplaire aux armes d'Etienne d'Aligre, ambassadeur à Venise, garde des sceaux et chancelier de France.
De la bibliothèque de Ruggieri.

107. **Office de la Semaine Sainte,** en latin et en françois, selon le Missel et le Bréviaire romain, et le nouveau Missel et Bréviaire de Paris. *Paris, J.-B. Garnier,* 1752, in-8, mar. bleu, dos orné, plats couverts de dorures, tr. dor. (*Rel. anc.*)

Très riche reliure d'un décor peu commun, les plats couverts de dorures à gros fers, avec fleurs de lis aux angles, chiffres royaux couronnés et armes du roi Louis XV au centre. Très belle pièce.

108. **Ovide.** Le premier livre des Fastes d'Ovide. Traduction nouvelle. Avec des Notes critiques et historiques (par Lezeau). *Paris, J. Barbou,* 1714, in-12, front., mar. rouge, dos orné, fil., tr. dor. (*Rel. anc.*)

Bel exemplaire aux armes de Fleuriau de Morville. Pièces d'armes entre les nerfs du dos de la reliure.

109. **Paillet** (Alphonse), Plaidoyers et Discours. Publiés par Jules Le Berquier. *Paris, Marchal, Billard et Cie,* 1881, 2 vol. in-8, portr., *brochés,* couv.

Envoi autographe de M. Eugène Paillet, son fils.

110. **Papon** (L.). Œuvres du chanoine Loys Papon, seigneur de Marcilly, poète forésien du XVIe siècle. Imprimées pour la première fois par les soins de M. N. Yemeniz. *Lyon, L. Perrin,* 1857, in-8, cart., *non rogné.*

Tiré à un petit nombre d'exemplaires devenus rares.
Cet exemplaire contient le *Supplément* publié en 1860, qui donne la réimpression d'un ms. de Papon possédé par M. Yemeniz.
Envois autographes de M. Yemeniz.

111. **Parthenius** de Nicée. Les Affections de divers Amans. Faictes et rassemblées par Parthenius de Nicée, ancien auteur grec, et nouvellement mises en françoys (par Jehan Fornier ou Fournier). *S. l.* (*Paris, Coustelier*), 1743, in-12, mar. rouge, dos orné, fil., tr. dor. (*Rel. anc.*)

A la suite se trouvent les *Narrations d'Amour de Plutarque.*
Bel exemplaire.

112. **Pascal** (Blaise). **Pensées de M. Pascal** sur la religion et sur quelques autres sujets, qui ont esté trouvées après sa mort parmi ses papiers. *Paris, G. Desprez,* 1670, in-12, mar. rouge, dos orné, double rangée de fil. à la Du Seuil, tr. dor. (*Rel. anc.*)

Edition originale en 365 pages, publiée par le duc de Roanez.
Très rare exemplaire en reliure ancienne maroquin de l'époque. Hauteur 145 mm. Petite tache aux trois derniers ff. et mouillures légères à une douzaine de ff.

113. **Pelée de Varennes** (M. J. H.). LES LOISIRS DES BORDS DU LOING, ou Recueil de pièces fugitives (publ. par P. A. Léorier-Delisle). *S. l.* (*A Langlée, près Montargis*), 1784, in-12, mar. rouge, dos orné, fil., fleurons dans les angles, tr. dor. (*Rel. anc.*)

Curieux et rare exemplaire imprimé sur PAPIER ROSE. L'auteur, ancien imprimeur à Sens, fut décapité en 1794 (Voy. Barbier. *Dict. des Anonymes*, tome 2, col. 1340-1341).

A la suite, un *Supplément* de 15 ff. imprimés sur papiers de couleur différente. Ces papiers de couleur étaient fabriqués avec de l'herbe, de la soie et du tilleul.

Très bel exemplaire aux armes du duc d'ORLÉANS, père de Philippe-Egalité.

114. **Perefixe** (H. de). Histoire du Roy Henry le Grand. Composée par Messire Hardouin de Perefixe. Reveue, corrigée et augmentée par l'auteur. *Amsterdam, D. Elzevier*, 1678, pet. in-12, front., mar. rouge, jans., tr. dor. (*Trautz-Bauzonnet.*)

Edition complète. Elle se termine par le poème de CASSAGNES sur Henry le Grand. Bel exemplaire.

115. **Perrault** (Charles). **Histoires ou Contes du temps passé.** Avec des Moralitez. Par le fils de Monsieur Perreault (*sic*) de l'Académie François (*sic*). *Suivant la Copie à Paris*, 1697, in-12 de 4 ff. et 176 pp., la dernière non chiffrée, front. et vign., mar. rouge souple à recouvrements, dos orné de chats bottés, *non rogné*. (*Trautz-Bauzonnet.*)

Cette édition contient 8 contes en prose ; elle a été publiée sur l'originale de *Paris, Barbin*, portant également la date de 1697.

Deux éditions *suivant la copie* ont été publiées et sortent de la même officine (probablement de chez *J. Desbordes, d'Amsterdam*) ; dans celle-ci le titre est en onze lignes y compris celle de la date.

Le volume est orné d'un frontispice et de 8 vignettes en-têtes gravés sur cuivre.

Le titre de cette édition fournit un argument important aux critiques qui considèrent ces contes comme étant l'œuvre du fils de Ch. Perrault.

Très bel exemplaire *non rogné*, de ce livre fort rare.

Pièces historiques.

116. **Henri II.** Recueil de Pièces sur la mort de Henri II. *Paris, Fed. Morel*, 1559-1560, 4 pièces en un vol. in-4, mar. bleu, dos et coins ornés de fleurs de lis, *non rogné*. (*Trautz-Bauzonnet.*)

Tumulus Henrici secundi, per Joach. Bellaium, *Parisiis*, 1559, 14 ff. (latin et français). — Henrici II Epitaphia. J. C. Sculigeri funus. Mellini Sangelasii epicedium. Autore Auger. Ferrerio Tolos. medico. *Parisiis*, 1559, 8 ff. le dernier blanc. — Leodegarii a quercu votum pro pientissimo Galliarum rege Henrico, pridie quam moreretur. *Parisiis*, 1559, 2 ff. — Ad Illustrissimam Reginam D. Catharinam Medicem, Francisci II Franciæ

Pièces historiques.

Regis, consolatio Ludovici Regii Constantini, in morte Henrici Regis eius mariti. *Parisiis*, 1560, 41 ff.
Ces 4 pièces sont entièrement *non rognées*.

117. **François,** duc d'Anjou, fils de Henri II. Lettre contenant l'Eclaircissement des Actions et Deportemens de Monsieur filz et frère de Roy Duc d'Anjou, d'Alençon, etc. *Rouen, Jean Ysoret, l'an* 1578, petit in-4 de 72 pp., demi-rel. veau fauve.

Panégyrique du duc d'Anjou, destiné à soutenir les prétentions de ce prince sur la Flandre et l'Artois.
Cette édition doit sortir des presses hollandaises. Voy. Cat. Rothschild, tome 3, n° 2380.

118. **François,** duc d'Anjou. Pièces historiques sur le duc d'Anjou, 1584, 4 pièces pet. in-8, dérelié et cart.

1. Testament codicil et dernière volonté de Mgr. le Duc d'Anjou. *Spyr, B. d'Albin*, 1584, 8 ff. y compris le texte en allemand.
2. Le Trespas, Obsèques et Pompe funèbre pour l'enterrement de François fils de France, frère unique du Roy, duc d'Anjou, etc. *Paris, J. Richer*, 1584, 58 ff. et 1 f. de *Privilège*.
3. Regrets de la France, sur le Trespas de Monsieur le frère du Roy Duc d'Anjou et d'Alençon. *Paris, Gilles de S. Gilles, s. d.*, 4 ff.
4. Regret funèbre contenant les actions et derniers propos de Mgr. fils de France, frère unique du Roy. Par J. Berson. *Paris, P. L'Huillier*, 1584, 37 ff. et 1 f. de *Privilège*.

119. **Henri III.** Les Meurs humeurs et comportemens de Henry de Valois representez au vray depuis sa naissance. Quels ont esté ses Parrains, et leur religion, ensemble celles de ses precepteurs. *Paris, Ant. le Riche*, 1589, pet. in-8 de 125 pp., mar. rouge, dos orné, fil., tr. dor. (*Rel. anc.*)

Feuillets jaunis par l'humidité.
A la suite : le Bon François, ou la Foy des Gaulois. Traduit du latin de M° Michel du Rit. *Paris, R. Thierry*, 1589, pet. in-8 de 62 pp. Mouillures et raccommodages aux 5 derniers ff.

120. **Henri III.** Recueil de 4 pièces historiques, 1585-1589, en un vol pet. in-8, mar. rouge, dos orné, fil., tr. dor. (*Rel. anc.*)

1. Les Vrais pièges et moiens pour atraper ce faux heretique et cauteleux grison. *Paris, J. Varangue*, (1585), pet. in-8 de 21 pp. et 1 f.
2. Le Faux-Visage descouvert du fin Renard de France. Ensemble quelques Anagrammes et Sonnets propres pour la saison du jourd'huy. (*Paris*), *J. de Varanges*, 1589, pet. in-8 de 24 pp.
3. Recepte pour la Toux du Regnard de la France. *Paris, M. Jouin*, 1589, pet. in-8 de 4 ff.
4. Le Fleau de Henry soy disant Roy de Navarre. *Paris, G. Chaudiere*, 1589, pet. in-8 de 44 pp. et 2 ff. non chiffr.
Jolie reliure de *Derome*.

Pièces historiques.

121. **Henri III**. Recueil de 8 pièces historiques, 1589, en un vol. pet. in-8, mar. rouge, dos orné, fil., fleurons d'angles, tr. dor. (*Rel. anc.*)

1. La Tyrannicide ou Mort du Tyran (par Claude de Kerquifinen). *Lyon, J. Patrasson,* (1589), 14 pp. et 1 f. blanc. Très rare.
2. Discours des préparations faictes par frère Jacques Clément, pour délivrer la France de Henry de Valois, lequel fust tué à S. Cloud près Paris, le premier jour d'Aoust 1589. *Lyon,* 1589, 15 pp.
3. Les Derniers propos de Henry de Valois. Recueilly par le sieur d'Estourneaux. *Lyon,* 1589, 16 pp.
4. Admirable et prodigieuse mort de Henry de Valois. *Lyon, L. Tantillon,* 1589, 15 pp.
5. La Vie des Traistres politicques navarrois. *Suivant la Copie imprime à Paris, Lyon, L. Tantillon,* 1589, 13 pp. et 1 f. blanc.
6. Le Faux visage descouvert du fin Renard de France. Ensemble quelques Anagrammes et Sonnets propres pour la saison du iourd'huy. *Pour Jacques de Varangles,* 1589, 16 pp.
7. Responce aux justifications pretendues par Henry de Valois, sur les meurtres et assassinats, de feu Messeigneurs le Cardinal et Duc de Guyse. *Paris,* 1589, 30 pp. et 1 f. blanc.
8. Contre les fausses allegations que les plus qu'Achitofels, conseillers cabinalistes, proposent pour excuser Henry le meurtrier de l'assassinat du Duc de Guise. *S.l.,* 1589, 79 pp. inexactement chiffrées.

De la bibliothèque de A. A. Renouard.

122. **Guise** (Duc et Cardinal de). Histoire au vray du Meurtre et assassinat proditoirement commis en la personne de Monsieur le Duc de Guise, protecteur et defendeur de l'Eglise catholique et du Royaume de France. Avec les figures du massacre des-dits sieurs. *S.l.,* 1589, pet. in-8 de 54 pp., fig. sur bois, mar. bleu, dos orné à la grotesque, fil., tr. dor. (*Rel. anc.*)

Avec les 2 figures sur bois des Duc et Cardinal de Guise, assassinés.

123. **Guise** (Duc et Cardinal de). Recueil de 4 pièces historiques sur la mort des Duc et Cardinal de Guise, 1589, en un vol. pet. in-8, mar. violet, fil. dorés et à froid.

1. Histoire au vray du Meurtre et assassinat proditoirement commis en la personne de Monsieur le Duc de Guise. Avec les figures du massacre des-dits sieurs. *S.l.,* 1589, 54 pp. avec 2 fig. sur bois.
2. Discours déplorable du Meurtre et assassinat traditoirement commis en la ville de Blois, les Estatz tenant de Henry de Lorraine, duc de Guyse. *Jouxte la Copie imprimee à Orléans,* 1589, 8 ff.
3. Tombeau et Epitaphe sur la mort de Monseigneur le Duc de Guyse. *Paris, G. Bichon,* 1589, 22 pp. et 1 f. non chiffré. Fig. sur bois au titre.
4. Oraison funèbre prononcée aux obsèques de Loys de Lorraine Cardinal, et Henry Duc de Guise, frères (par A. Muldrac). *Paris, Vve N. Roffet,* 1589, 24 pp.

De la bibliothèque de A. A. Renouard.

124. **Guise** (Duc et Cardinal de). Recueil de 8 pièces historiques sur la mort des Cardinal et Duc de Guise, 1588-1589, en un vol. petit in-8, mar. rouge, dos orné, fil., tr. dor. (*Rel. anc.*)

Pièces historiques.

1. Les Cruautez Sanguinaires, exercées envers feu Mgr. le Cardinal de Guise. Avec la remonstrance faite au Roy, par Madame la Duchesse de Nemours, sur le massacre de ses enfans. *S.l.*, 1589, pet. in-8 de 8 ff., portr. sur bois de L. de Lorraine Cardinal de Guise.

2. Les Impostures et Calomnies des Huguenots pour colorer le massacre commis ès personnes de Messeigneurs les Cardinal et Duc de Guyse par Henry de Valois. *S.l.*, 1589, pet. in-8 de 4 ff.

3. Lettres d'unyon pour estre envoyées par toute la Chrestienté. Touchant le meurtre et assassinat de Monsieur le Duc de Guyse et Monsieur le Cardinal de Guyse son frère. *S.l.*, 1589, pet. in-8 de 7 ff., portr. sur bois de H. de Lorraine duc de Guise et armes des Guise.

4. Les Plaintes et Doléances du Prince de Joinville fils de Henry de Lorraine, duc de Guyse envoyées aux villes catholiques de France. *S.l.*, 1589, pet. in-8 de 4 ff.

5. Proposition faicte par N. S. Pere le Pape sur le sacrilège et assassinat du Cardinal de Guyse. *S. l.*, 1588, pet. in-8 de 7 ff., portr. sur bois de L. de Lorraine Cardinal des Guise.

6. Discours véritable et dernier propos de Mgr. le Duc de Guyse. *Paris, S. Marquan*, 1589, pet. in-8 de 7 ff., armes des Guise sur le titre.

7. Advertissement et premières escriptures du Procès. Pour Messieurs les Deputez des Provinces du Royaume de France. Le peuple et les héritiers des défuncts Duc et Cardinal de Guyse. Contre Henry de Valois Roy de France et de Pologne. *S. l.*, 1589, pet. in-8 de 8 ff. (Un peu rognée dans le bas).

8. La Nullite de la prétendue innocence et justification des massacres, de Henry de Valois. *S. l.*, 1589, pet. in-8 de 8 ff.

125. **Guise** (Duc et Cardial de). Trois arrets de la Court de Parlement, intervenus sur les requestes présentees, par Madame de Guise, pour avoir justice de l'assassinat commis en la personne de feu Monseigneur de Guise. *Paris, N. Nyvelle*, 1589, pet. in-8 de 12 pp., mar. vert, fil., tr. dor.

A la suite, une traduction italienne de cette pièce. *Paris, N. Nyvelle*, 1589, pet. in-8 de 11 pp.
Bel exemplaire de Audenet.

126. **Joyeuse** (Anne, duc de). Pièces historiques sur le duc de Joyeuse, 1587-1588, 4 pièces pet. in-8, dereliées et cart.

1. Derossant (A.). Le Tombeau et Eloge du Duc de Joyeuse, accompagné de plainctes et regrets de la France. Dédié à Monsieur Des Portes, abbé de Tyron. *Paris, M. de Roigny*, 1587, 15 pp. Au bas du titre, 10 lignes autographes de André Derossant.

2. Derossant (A.). Le Tombeau et Eloge du Duc de Joyeuse. *Paris, M. de Roigny*, 1588, 8 ff. le dernier blanc. Mouillures.

3. R. Boutheraye de Chasteaudun. Le Tombeau du duc de Joyeuse. *(Paris), P. Hury*, 1588, 4 ff.

4. Abbé de S. Polycarpe. Les Armes et Tombeau de feu Mgr. le Duc de Joyeuse Pair et Admiral de France. *Paris, P. Ramier*, 1588, 12 ff. le dernier blanc.

---

127. **Plessy** (M[1] du). Mémoires des divers emplois et des principales actions du Maréchal du Plessy-Praslin (duc de Choiseul).

Paris, Cl. Barbin, 1676, pet. in-12, mar. rouge, dos orné, fil., tr. dor. (*Rel. anc.*)

Ces mémoires furent rédigés par César de Choiseul, frère de l'auteur. Bel exemplaire de SECOUSSE.

128. **Poulle** (abbé). Sermons de Monsieur l'Abbé Poulle, prédicateur du Roi, Abbé Commendataire de Notre-Dame de Nogent (sous-Coucy). *Paris, Mérigot*, 1781, 2 vol. in-12, mar. vert. dos orné, fil., tr. dor. (*Rel. anc.*)

Très bel exemplaire.

129. **Prévost** (abbé). **Histoire du Chevalier des Grieux**, et de Manon Lescaut. *Amsterdam* (*Paris, Didot*), 1753, 2 vol. in-12, fig., veau marbré, dos orné, fil., tr. marbr. (*Rel. anc.*)

Edition définitive de ce roman, la dernière publiée par l'auteur, ornée des 8 jolies figures par *Gravelot* et *Pasquier*.
Bel exemplaire en PAPIER DE HOLLANDE dans son ancienne reliure. Rare

130. **Prévost** (abbé). Histoire de Manon Lescaut et du Chevalier des Grieux, par l'abbé Prévost. Edition illustrée par Tony Johannot précédée d'une notice par Jules Janin. *Paris, Bourdin et Cie, s. d.* (1839), gr. in-8, fig., *broché*, couv.

PREMIER TIRAGE.

131. **Racine** (Jean). **Britannicus**, tragédie. *Paris, Cl. Barbin*, 1670, in-12, de 8 ff. non chiffr. et 80 pp., mar. citron, dos orné, larges dent., tr. dor. (*Rel. anc.*)

EDITION ORIGINALE. Excessivement rare dans une ancienne reliure maroquin. Griffonnis à l'encre sur le titre.
Dans la même reliure : J. RACINE. Andromaque et Bajazet, *S. l. n. d.* — P. CORNEILLE. Le Cid, tragédie et Cinna, tragédie, *S. l. n. d.* Extraits d'éditions collectives.

132. **Racine** (Louis). La Religion, poëme (en VI Chants). Nouvelle édition. *Paris, Coignard*, 1742, in-8, front. et vign. de Cochin, mar. vert, dos orné, fil. tr. dor. (*Rel. anc.*)

A la suite, du même auteur : La Grâce, poème (en 4 chants).

133. **Recueil de Bons Mots** des Anciens et des Modernes. *Paris, M. Brunet*, 1702. in-12, mar. rouge, dos orné, fil., tr. dor. (*Rel. anc.*)

Aux armes sur les plats de FLEURIAU DE MORVILLE. Pièces d'armes entre les nerfs du dos de la reliure.

134. **Regnier**. Œuvres de Mathurin Regnier, avec les commentaires revus, corrigés et augmentés ; précédées de l'histoire de

la satire en France, pour servir de discours préliminaire. Par M. Viollet le Duc. *Paris, Th. Desoer*, 1822, in-12, portr., mar. rouge, dos orné, fil., tr. dor. (*Trautz-Bauzonnet.*)

Excellente édition. Bel exemplaire.

135. **Relation** de la conduite presante (*sic*) de la Cour de France, adressée à un Cardinal à Rome, par un Seigneur Romain, de la suite de S. E. Mgr. le Cardinal Flavio Chigi. Traduite d'italien en françois. Édition la plus correcte. *Fribourg, Simon le Franc*, (*Bruxelles, Foppens*), 1666, pet. in-12, mar. rouge jans., tr. dor. (*Trautz-Bauzonnet.*)

Très bel exemplaire.

136. **Relation** des Campagnes de Rocroi et de Fribourg en l'année 1643 et 1644 (par Fr. de Goyon de Matignon, marquis de la Moussaye, revu par Henri de Bessé). *Paris, Clousier et Libouïn*, 1673, in-12, mar. rouge jans., tr. dor. (*A. Motte.*)

Edition originale de cette relation.
Bel exemplaire relié par Motte, le successeur de Trautz-Bauzonnet.

137. **Responses** aux Lettres Provinciales (de Pascal) publiées par le Secrétaire du Port-Royal, contre les PP. de la Compagnie de Jésus, sur le sujet de la morale desdits Pères. (Par les PP. J. Nouet et F. Annat jésuites). *Liège, J. M. Hovius*, 1658, pet. in-12, veau fauve, dos orné, fil., tr. dor. (*Bauzonnet-Trautz.*)

138. **Retz** (Card. de). La Conjuration du comte Jean-Louis de Fiesque. *A Cologne (Amsterdam, Daniel Elzevier)*, 1665, pet. in-12. mar. rouge jans., tr. dor. (*Trautz-Bauzonnet.*)

Un des jolis volumes de la collection elzévirienne. Bel exemplaire.

139. **Reverend** (abbé). Lettres à Monsieur H... (Herinch) sur l'origine des anciens Dieux ou Rois d'Egypte, qui expliquent ce qui a donné lieu aux Fables des Dieux de l'antiquité. *Paris, P. Ribou*, 1712, in-12, mar. vert, dos orné, fil., tr. dor. (*Rel. anc.*)

Aux armes de Du Jardin ?, conseiller au Parlement de Paris.
Ex-libris (non effacé) de Thomas Gueullette.

140. **Rousseau** (J. J.). Emile, ou de l'Education. *Selon la Copie de Paris*, 1762, 4 vol. in-8, fig., veau marbré, dos orné (*Rel. anc.*)

Orné d'un frontispice et 5 figures gravées par *Schley* et *Fokke* d'après *Ch. Eisen*.

141. **Roussy** (abbé J. de). Aurélia ou Orléans délivré, Poeme latin (qui n'a jamais existé) traduit en françois. *Paris, Mérigot,* 1738, in-12, mar. rouge, dos orné, fil., fleurons dans les angles, tr. dor. (*Rel. anc.*)

Bel exemplaire aux armes de la Princesse de Conti, douairière. Ex-libris du comte d'Auffay.

142. **Royaumont** (Sr de). L'Histoire du Vieux et du Nouveau Testament, avec des explications édifiantes, tirées des Saints Peres, pour régler les mœurs dans toute sorte de conditions. Par le sieur de Royaumont, Prieur de Saint-Val (Le Maistre de Sacy et Nic. Fontaine). *Paris, M. David,* 1703, in-12, front., mar. rouge, dos orné, double rangée de fil. avec fleurons d'angles, tr. dor. (*Rel. anc.*)

Bel exemplaire dans sa reliure originale.

143. **Saint-Pierre** (B. de). La Chaumière Indienne. *Paris, P. Fr. Didot le jeune,* 1791, pet. in-12, mar. vert, chiffres sur le dos et aux angles des plats, tr. dor. (*Trautz-Bauzonnet.*)

Édition originale.
Charmant exemplaire, imprimé sur papier vélin relié sur brochure. Chiffres du comte Roger du Nord sur la reliure.

144. **Sandras de Courtils.** La Vie de Gaspard de Coligny, Seigneur de Chastillon sur Loin. *Cologne, P. Marteau* (*La Haye, Moetjens*), 1687, in-12, mar. vert, dos orné, fil., tr. dor. (*Rel. anc.*)

145. **Satyre Ménippée** de la vertu du Catholicon d'Espagne; et de la tenuë des estats de Paris. Avec des remarques et explications des endroits difficules. *Ratisbonne, Kerner* (*Bruxelles, Foppens*), 1664, in-12, réglé, fig., mar. rouge, dos orné, fil., doublé de mar. rouge, dent., tr. dor. (*Rel. anc.*)

Exemplaire ne contenant que la figure de la *Procession de la Ligue.* Il manque les portraits des *Charlatans* lorrain et espagnol.

146. **Schellenberg** (J. R.). Freund Heins Erscheinungen. *Winterthur, H. Steiner und Comp.,* 1785), in-8, *en feuilles.*

Suite complète des 25 figures de *Schellenberg*, gravées d'une pointe fine et délicate qui rappelle un peu celle de Chodowiecki, et du f. de *Table.* Interprétation humoristique de la *Danse des Morts.* Rare.

147. **Segrais.** Poesies de Monsieur de Segrais. Troisième édition, plus ample, plus correcte et en meilleur ordre que les précédentes. *Paris, A. de Sommaville,* 1661, in-12, mar. rouge, dos orné à la grotesque, chiffres, fil., tr. dor. (*Rel. anc.*)

Bel exemplaire portantsur les plats le chiffre du comte R. A. de Vignacourt.

148. **Senèque.** Les Authoritez, Sentences et Singuliers enseignemens du grant censeur poete orateur et philosophe moral Senèque tout en latin comme en françoys. *(Paris), Denis Janot et Jehan Longis,* (1534), in-8 de 118 ff., demi-rel. anc.

Imprimé en lettres rondes. La traduction est de P. Grosnet. Rare.

149. **Sévigné** (Mme de). Recueil des Lettres de Madame la Marquise de Sévigné, à Madame la Comtesse de Grignan, sa fille (publ. par le Chevalier Perrin). *Paris, Rollin fils,* 1738, 6 vol. in-12, veau marbré, dos orné, fil. (*Rel. anc.*)

On y joint : Recueil de Lettres choisies pour servir de suite aux lettres de Madame de Sévigné (par le Chev. Perrin). *Paris, Rollin,* 1751, in-12, veau.

150. **Sicille.** Le Blason des Armes : Avec les Armes des princes et seigneurs de france. Et des dix sept Royaulmes Chrestiens. (A la fin :) *Imprime nouvellement à Paris pour Pierre Sergent, libraire, s. d.* (*vers* 1535), in-12 goth. de 28 ff. non chiffrés, mar. rouge jans., tr. dor. (*Trautz-Bauzonnet.*)

Un des plus anciens traités sur l'art héraldique. Il a pour auteur Sicille, héraut d'armes du roi d'Aragon Alphonse V.
Nombreux blasons coloriés au XVIe siècle. Très bel exemplaire.

151. **Sicille.** Le Blason des Couleurs en Armes, Livrees et Devises. Sensuyt le livre tres utille et subtil pour scavoir et congnoistre dune et chascune couleur la vertu et propriete. Ensemble la manierè de blasonner lesdictes couleurs en plusieurs choses pour apprendre a faire livrees, devises, et leur blason. Nouvellement imprimé à Paris. *On les vend à Paris en la rue Neufve nostre Dame à lenseigne sainct Nicolas* (*chez P. Sergent*), *s. d.* (*vers* 1535) in-12 goth. de 4 et 52 ff. (le dernier chiffré 53), fig., mar. rouge jans., tr. dor. (*A. Motte.*)

Figures coloriées au XVIe siècle. Très bel exemplaire.

152. **Spelte** (A. M.). La Sage-Folie, fontaine d'allégresse, mère des plaisirs, reyne des belles humeurs : pour la défense des personnes joviales, à la confusion des Archisages et Protomaistres. — La Delectable folie, support des capricieux, soulas des fantasques, nourriture des Bigearres : pour l'utilité des cerveaux faibles, et retenue des boutadeux. Faite italienne par Ant. Marie Spelte, et traduite en françois par L. Garon. *Lyon, Cl. Larjot,* 1628, 2 vol. in-12, front., veau marbré, fil. (*Rel. anc.*)

Première édition française.
Bel exemplaire aux armes de Madame la Marquise de Pompadour (no 2218 de son catalogue).

153. **Swift.** VOYAGES DE GULLIVER (traduits de l'anglais par l'abbé Desfontaines). *Paris, impr. de P. Didot l'aîné*, 1797. vol. gr. in-18, front. et fig., cart. ancien, *non rognés.*

De la *Collection Bleuet.*
Un des 100 exemplaires tirés sur GRAND PAPIER VÉLIN avec les 10 jolies figures de *Lefèvre*, en épreuves AVANT LA LETTRE.
Bel exemplaire à toutes marges, dans son cartonnage original.

154. **Théâtre** DE DIVERS AUTEURS. *Paris, P. Ribou*, 1704. in-12, mar. bleu, dos orné avec chiffres, fil. à froid, tr. dor. (*Rel. anc.*)

Sous ce titre collectif on a réuni les pièces suivantes :
ROTROU. Venceslas, tragi-comédie, 1698. — PADER D'ASSEZAN. Agamemnon, tragédie, 1680. — (Mlle CATH. BERNARD), Brutus, tragédie, 1691. — DU RYER. Scevole, tragédie, 1688. — QUINAULT. Astrate, roy de Tyr. Tragédie, 1704.
Bel exemplaire aux chiffres sur le dos et armes sur les plats de CRÉMEAUX D'ENTRAGUES et avec son ex-libris à l'intérieur.

155. **Toussaints le Roy.** Cantiques de Noels nouveaux composez par deffunct M. Toussaints le Roy, P. Chanoine du Mans. *Au Mans, G. Olivier*, 1624, in-12, vélin anc.

On y joint : Cantiques de Noels nouveaus composés par deffunt Mc. Toussains Leroy, P. Chanoine du Mans. *Au Mans, H. Olivier*, 1664, in-12, vélin anc.
Nouvelle édition avec musique notée.
Ces deux volumes sont en mauvais état.

156. **Villeneuve** (Mme G. S. Barbot, dame de). CONTES de Madame de Villeneuve. *La Haye et Paris, Mérigot*, 1765, 5 part. en 2 vol. in-12, mar. rouge, dos orné, fil., tr. dor. (*Rel. anc.*)

Très bel exemplaire aux armes de la Duchesse de GRAMONT-CHOISEUL.

157. **Vives** (Loys). L'Institution de la Femme chrestienne, tant en son enfance, que mariage, et viduité. Avec l'office du mary. Le tout composé en latin par Loys Vives et nouvellement traduit en langue françoyse par Pierre de Changy écuyer. Ensemble l'épistre de S. Bernard, touchant le bon et sage gouvernement d'une maison. *Paris, Pierre Cavellat*, 1579, in-12, veau brun, fermoirs. (*Rel. anc.*)

Sur les plats de la reliure la *Crucifixion* et la *Vierge.*

158. **Vizé** (J. Donneau de). HISTOIRE DE MAHOMET IV DÉPOSSÉDÉ. *Paris, M. Gueroult*, 1688, in-12, pl., mar. rouge, dos orné, fil., coins ornés, tr. dor. (*Rel. anc.*)

Bel exemplaire aux armes du duc de NOAILLES, pair et maréchal de France.

159. **Voltaire.** Oreste. Tragédie. — Samsom. Tragédie lyrique. *Paris, Le Mercier*, 1750, 2 part. en un vol. pet. in-8, mar. rouge, dos orné à la grotesque, fil., tr. dor. (*Rel. anc.*)

Editions originales. La pièce de Sanson est suivie des *Mensonges imprimés* (chapitres 2 et 3), partie numérotée pp. 159 à 212 et précédée d'un faux-titre.
Exemplaire aux armes de N. R. Berryer (de la Ferrière), garde des sceaux.

160. **Voltaire.** La Tragédie de Sémiramis, et quelques autres pièces de littérature. *Paris, Le Mercier*, 1749, pet. in-8, mar. rouge, dos orné, fil., tr. dor. (*Rel. anc.*)

Edition originale.
Bel exemplaire imprimé sur papier fort, aux armes de Feriol.

Autographes.

161. **François 1er**, Roi de France. **Lettre autographe de François 1er**, à l'Amiral Bonnivet, 5 pp. pet. in-fol., avec signature de François 1er.

Importante pièce historique, sur le siège de Mézières (1521), où il est parlé de Montmorency, de Bayart, etc.

162. **Henry le Béarnais,** Roi de Navarre. Lettre autographe signée, à la reine d'Angleterre, *du camp devant Lisieux, s. d.* (1589), 1 p. pet. in-fol.

Lettre de remerciements pour les renforts que la reine d'Angleterre lui avait envoyés.

163. **Exhumation** du corps de S. A. S. Mgr. le Duc d'Enghien le 20 Mars 1816. Procès verbal d'enquête. Ms. pet. in-fol. de 23 pp., non relié.

Très intéressant document historique accompagné d'une lettre autographe de Louis-Henri-Joseph de Bourbon, père du duc d'Enghien, datée de Londres, 4 Avril 1816.
On y joint une lettre autographe du baron de St-Jacques, datée du Palais-Bourbon, 25 Avril 1824.

164. **Parme** (Duchesse de). Prières composées et écrites par Mademoiselle Louise de Berry, duchesse de Parme, 16 Oct. 1839-28 Février 1840, pet. in-8, de 86 pp. et 1 f. de table, relié en moire avec fermoir.

Manuscrit original d'*Oraisons* composées par cette princesse, sœur du comte de Chambord.

LILLE, IMP. L. DANEL.